BEI GRIN MACHT SICH IHR WISSEN BEZAHLT

Bibliografische Information der Deutschen Nationalbibliothek:

Die Deutsche Bibliothek verzeichnet diese Publikation in der Deutschen National-bibliografie; detaillierte bibliografische Daten sind im Internet über http://dnb.d-nb.de/ abrufbar.

Impressum:

Copyright © 2016 GRIN Verlag
Druck und Bindung: Books on Demand GmbH, Norderstedt Germany
ISBN: 9783346164933

Dieses Buch bei GRIN:

https://www.grin.com/document/583715

Dominik Meyers

Japans Expansionskurs in China und die Aufarbeitung

GRIN Verlag

GRIN - Your knowledge has value

Der GRIN Verlag publiziert seit 1998 wissenschaftliche Arbeiten von Studenten, Hochschullehrern und anderen Akademikern als eBook und gedrucktes Buch. Die Verlagswebsite www.grin.com ist die ideale Plattform zur Veröffentlichung von Hausarbeiten, Abschlussarbeiten, wissenschaftlichen Aufsätzen, Dissertationen und Fachbüchern.

Besuchen Sie uns im Internet:

http://www.grin.com/

http://www.facebook.com/grincom

http://www.twitter.com/grin_com

RHEINISCHE FRIEDRICH-WILHELMS-UNIVERSITÄT BONN Institut für Orient- und
Asienwissenschaften (IOA)
BA-Modul „Geschichte Ost- und Zentralasiens"
Wintersemester 2016/17

Japans Expansionskurs in China und Aufarbeitung

(HAUSARBEIT)

Dominik Meyers

8. Fachsemester Asienwissenschaften, Bachelor of Arts
Bonn, den 29.03.2017

Inhaltsverzeichnis

1. Einleitung

Mit dem Zweiten Weltkrieg assoziiert man in Europa meist die aggressive Expansion Nazideutschlands und Millionen von Kriegsopfern, gepaart mit einem Genozid an der jüdischen Bevölkerung in ganz Europa. In Vergessenheit gerät dabei zumeist der pazifische Kriegsschauplatz, welcher nicht weniger blutig verlief.

Die heutige politische Debatte in Fernost wird häufig von Streitigkeiten um Inseln im Südchinesischen Meer dominiert. Unausweichlich scheinen dabei Kontroversen zwischen den beiden Antipoden China und Japan zu sein. Regelmäßig fallen dabei Vokabeln wie Yasukuni-Schrein oder dass Japan sich von seinem ideologischen Faschismus leiten ließ. Ebenfalls der Vorwurf von begangenen Kriegsverbrechen der kaiserlichen Armee an verschiedenen Ethnien wird von China erhoben. Literarische Werke in Japan, die sich mit verübten Kriegsgräueltaten seitens der japanischen kaiserlichen Armee auseinandersetzen, sind selten zu finden. Im Gegenteil herrscht die Ansicht vor, dass dies Teil des Kolonialismus sei und vieles, das geschehen sei, lediglich dazu gehöre.

Diese Hausarbeit wird den Versuch unternehmen, die politische Ausgangslage Japans ab der Mitte des 19. Jahrhunderts zu charakterisieren und die Entwicklung bis zum Zweiten Sino-Japanischen Krieg darzustellen. Sie wird sich auf den Verlauf des Zweiten Weltkriegs auf dem Schauplatz China und die verübten Kriegsverbrechen fokussieren, da es anderweitig den Rahmen dieser Hausarbeit sprengen würde. Im weiteren Verlauf soll die so häufig angeprangerte, absente Kriegsaufarbeitung durch die japanische Regierung und Bevölkerung untersucht werden.   .

Zum Schluss wird erörtert, ob sich Japan, hinsichtlich seiner Taten und der aus dem Zweiten Weltkrieg resultierenden bedingungslosen Kapitulation, selbst als Täter oder in der Opferrolle sieht.

2. Geschichtlicher Hintergrund

Nachdem sich Japan mit der Landung „der schwarzen Schiffe" gegenüber den Vereinigten Staaten von Amerika Mitte 1859 öffnete und damit auch die gesamte Öffnung des Landes voran getrieben wurde, entwickelte sich bereits eine anschwellende Abneigung der japanischen Bevölkerung gegenüber den westlichen Mächten (Zöllner : 161-165). Als dann bis 1861 auch noch Zugeständnisse an weitere Imperialmächte gemacht werden mussten - der selbstauferlegte Protektionismus schien gescheitert - nährte dies den japanischen Nationalismus *Fukoku kyōhei* (reiches Land, starke Streitkräfte), in der einfachen Bevölkerung und mündete in Reformbestrebungen mit dem Motto *Sonnō jōi* (verehrt den Kaiser, vertreibt die Barbaren) (KREBS 2009 : 5).

Auf das scheinbar unvermeidliche Ende der Tokugawa Ära folgte die Meiji-Restauration, welche als ineinandergreifen von drei verschiedenen Faktoren gesehen werden kann: (1) das Eindringen der westlichen Mächte seit den „Schwarzen Schiffen", (2) der Wandel der wirtschaftlichen Lage der Samurai, Kaufleute und Agrarbevölkerung, (3) sowie die innenpolitischen Auseinandersetzungen der herrschenden Elite. Japan nahm sich als kurzfristig zureichendes Ziel vor, sich nach westlichem Vorbild politisch und wirtschaftlich weiterzuentwickeln (KREBS 2009 : 141). 1869 wurde zunächst das traditionelle Klassensystem aufgehoben (KREBS 2009 : 9). Im Dezember 1872 wurde die dreijährige Wehrpflicht für alle Männer ab 20 eingeführt, um eigene, zentralistische Ansprüche im Konfliktfall durchzusetzen (ZÖLLNER 2009 : 210-211). Der Tennō sollte von nun an wieder das Zentrum der Macht bilden (ZÖLLNER 2009 : 189).

Um seine eigene Position zu stärken und gleichzeitig die russische und chinesische zu schwächen, inszenierte Japan im Februar 1894 einen Staatsstreich in Korea. Am 1. August des selben Jahres mündete dieses Wagnis im ersten Sino-Japanischen Krieg, da Korea seit 1637 unter chinesischem Protektorat stand. Diesen Krieg konnte Japan unerwartet schnell für sich entscheiden. Die daraus resultierende Unabhängigkeit Koreas hatte zur Folge, dass sich die Halbinsel einerseits politisch von China entfernte, andererseits wirkte sie weiterem westlichen Einfluss entgegen. Japan erhielt überdies hinaus Taiwan als seine erste formale Kolonie. Andere Verhandlungserfolge wie die Abtretung der Liaodong-Halbinsel musste Japan auf heftiges Intervenieren seitens Russland, Frankreich und dem Deutschen Reich wieder rückgängig machen. Die öffentliche Meinung in Japan war aufgebracht über diese Tripelintervention. Nichtsdestotrotz wurden im Land der aufgehenden Sonne Kriegsbilder und erstmals Kriegslieder in großer Zahl komponiert und gesungen, was den Wunsch nach einer starken Nationalität weiter förderte (ZÖLLNER 2009 : 273-274).

Nachdem Russland 1903 verstärkt Militär auf koreanischem Territorium aufbot, erklärte Japan seinerseits, dass es keinerlei Interesse an der Manjurei hätte, es dem Zarenreich überlassen würde, wenn es sich dafür von der koreanischen Halbinsel fernhielte. Bis 1904 konnten sich beide Länder nicht einigen, am 10. Februar folgte eine beidseitige Kriegserklärung. Bis zum 5. September 1905 sollte Japan Russland eine verheerende Niederlage beibringen. Es war das erste mal, dass ein asiatisches Land eine westliche Imperialmacht im Kampf schlug (ZÖLLNER 2009 : 290). Japan etablierte sich dadurch als Kolonial- und Hegemonialmacht. Der schleichenden Unterwerfung Koreas folgte am 22. August 1910 die Eingliederung ins Japanische Kaiserreich unter dem Namen Chōsen (ZÖLLNER 2009 : 309).

Die mit dem Datum des 24. Oktober 1929 beginnende Weltwirtschaftskrise, wirkte sich ebenfalls verheerend für Japan aus. So brachen Aktienpreise, Warenpreise und Produktionen ein. Auf Illiquidität im Bankensektor folgten Massenentlassungen. Derweil spitzte sich die innenpolitische Lage zu: die Guandong Armee, die Hauptarmee der Kaiserlich Japanischen Armee, sah die Annexion von Manjurei und Mongolei als essentiellen Baustein auf dem Weg der japanischen Großmacht an, stieß im Kabinett aber auf Ablehnung. Daraufhin täuschte die Guandong auf einem Gleisabschnitt der südmandjurischen Eisenbahn nahe Mudken einen Bombenanschlag vor, der in den Besetzungen Mukden, Zhangchun und Jili resultierte. Ohne Einverständnis der Regierung setzte die Armee weiter im November 1931 Pu-Yi als Marionettenkaiser in der Manjurei ein, welche sie bereits, trotz internationaler Einwände, besetzte (ZÖLLNER 2009 : 355-356).

Dieses Vorgehen des Militärs, den Willen der Regierung ignorierend, zeigt dass das nationalistische Gedankengut in der Bevölkerung, speziell im Militärapparat, aufkeimte. Im Umkehrschluss unterscheidet es sich aber im Grunde nicht vom aufkommenden Nationalismus in anderen Teilen der Welt: die USA beispielsweise verstärkten ihren Protektionismus, so wurde es ab 1924 Japanern für 28 Jahre untersagt, in die USA zu immigrieren (ZÖLLNER 2009 : 350). Am 1. März 1931 gründete die japanische Armee den Staat Mandju Gurun, welcher aber von Inukai Tsuyoshi, Premierminister der damaligen Regierung, nicht anerkannt wurde. Inukai wurde am 15. Mai 1932 durch elf junge Marineoffiziere bei einem Attentat getötet. Dies wird rückblickend als ein Wendepunkt der innenpolitischen Situation in Japan gewertet. Sein Nachfolger Saitō Makoto, ehemaliger Generalgouverneur Koreas, galt selbst als militärischer Nationalist. Der innerpolitische Widerstand gegen das Expansionstreiben der Regierung kam somit zum Erliegen (ZÖLLNER 2009 : 356).

2.1. Das Militär übernimmt die Kontrolle

Unter dem neuen militant-nationalistischen Premierminister und ehemaligen Admiral Saitō Makoto, propagierte Japan eine „Regierung der nationalen Einheit". Simultan wurde auch ideologisches Gedankengut indoktriniert: Zwei Studenten weigerten sich den Yasukuni-Schrein zu besuchen, um gefallenen Soldaten zu gedenken. Das Militär verurteilte dies als Verrat am Geist der Wehrerziehung. Die Presse, welche der Regierung nahestand, formte daraus eine den mangelnden Patriotismus zugeschriebene Kampagne (ZÖLLNER 2009 : 360-361). Von nun an war es für jeden Japaner obligatorisch, an solchen Zeremonien teilzunehmen, wie folgendes Zitat eindrücklich illustriert: „Studenten, Schüler und Kinder zu Schreinen gehen zu lassen, beruht auf pädagogischen Gründen. Die ehrfürchtige Verbeugung, die man dabei von Gruppen von Studenten, Schülern oder Kindern verlangt, bedeutet nur, dass man patriotische Gesinnung und Treue ausdrückt" (ZÖLLNER 2009 : 360, zit. nach Nishiyama Toshihiko).

Die erste Hälfte der 30er Jahre in Japan waren von Terror und Putschversuchen durch die „Blutliga" unter Inoue Nisshō, welcher der nationalistisch-buddhistischen Nichiren-Sekte angehörte, geprägt. 1932 ereignete sich ein weiterer, folgenschwerer „Rechtsruck", als sich Proletarierparteien zur „Sozialistischen Massenpartei" zusammen schlossen, mit Araki Sadao als Schlüsselfigur, mit seiner sogenannten „Fraktion vom Kaiserlichen Weg". Die Gegner Arakis vereinigten sich als „Kontrollfraktion" zusammen. Zum Eklat kam es im Februar 1935, als ein ehemaliger Militärangehöriger

Kritik am Staatslehrer Minobe Tatsukichi übte, welcher indirekt auch den Kaiser als nicht „göttliche" Verkörperung des Staatsorgans verunglimpfte. Dieser Haltung schlossen sich ebenfalls Reservistenverbände, nationalistische Gruppen und die „Fraktion vom Kaiserlichen Weg" an. Minobe trat zurück, seine Werke galten als verboten. Infolgedessen verstärkte sich das Zerwürfnis der „Fraktion vom Kaiserlichen Weg" und der „Kontrollfraktion", mit einem Putschversuch durch Arakis Anhänger am 26. Februar 1936 als Konsequenz. Diesen ließ Kaiser Hirohito niederschlagen. Der Putschversuch verhalf der Kontrollfraktion somit zu politischer Dominanz (ZÖLLNER 2009 : 362).

2.2 Japans wachsender Nationalismus

Wie bereits angeführt wurde, rührt das nationalistische Gedankengut zum Teil aus der erzwungen Öffnung des Landes und der gebündelten Antipathie gegenüber dem Westen. Ein für sich selbst beschlossenes System der Staatslenkung, der Protektionismus, fand durch Fremdeinwirkung ein Ende. Auch die Weltwirtschaftskrise von 1929 stärkte die militärischen und nationalistischen Sektoren, allen voran Mitsubishi, dem Thyssen Krupp Japans. Dieser dominierende Kräfteblock zeichnete sich durch ständigen Konfrontationskurs aus. Durch die Verfassungsänderung der Meiji-Restauration hatte das Militär einen direkteren Zugang zum Kaiser, wodurch unter anderem eine autokratische Einflussnahme der Militär auf die Landespolitik gegeben war (VAN DER PIJL 1996 :169-171).

Während sich in Japan nun also das Militär dem Einfluss des Kaisers entzog, stand dem Expansionsdrang nichts mehr im Weg. China wurde als Dreh- und Angelpunkt für den „Aufbau einer Neuen Ordnung Ostasiens" fixiert, wie sie am 3. November 1938 proklamiert werden sollte. Japan sprach sich demnach die dauerhafte Stabilität in Ostasien zu gewährleisten selbst zu. Dies sollte in Kooperation mit Manju Gurun und China in Politik, Wirtschaft und Kultur geschehen. Zum Ziel gesetzt hatte sich der „Aufbau einer Neuen Ordnung in Ostasien" die Abwehr des Kommunismus, Schutz des Völkerrechts und die Errichtung einer gemeinsamen Wirtschaftszone. Westliche Einmischung in ostasiatische Angelegenheiten wurde strikt abgelehnt

(ZÖLLNER 2009 : 371-372).

Für Japans Expansionsbegehren sollte von Vorteil sein, dass sich das Reich der Mitte bis 1949 im Bürgerkrieg zwischen der Guomindang, geführt von Chiang Kai-shek, und den Kommunisten unter Mao befand. Dies beflügelte Japan dazu, die Gunst der Stunde zu nutzen und seine kolonialistischen Bestrebungen zu intensivieren. Shimazu Nariaia, ein energischer Befürworter von Japans streben nach Macht vertrat die Annahme: „Wenn wir die Initiative ergreifen, können wir dominieren; wenn wir es nicht tun, werden wir dominiert." (Kissinger 2012 : 93).

3. „Zwischenfall an der Marco-Polo-Brücke"

Am Abend des 7. Juli 1937 kam es in der Nähe von Beijing, damals unter Beiping bekannt, zum sogenannten „Zwischenfall an der Marco-Polo-Brücke", bei dem die Kompanie des japanischen Ichiki Bataillons ein anti-sowjetisches Nachtmanöver durchführte. Es kam zu Schusswechseln zwischen chinesischen und japanischen Militärs, wobei bis heute nicht endgültig geklärt werden konnte, ob es sich hierbei um eine gezielte Intrige – ob von japanischer oder chinesischer Seite - oder aber um einen Unfall handelte. Dieser Zwischenfall führte zu weiteren Scharmützeln, die sich bis zum 11. Juli fortsetzten (KUHN 1999 : 46). Um Deeskalation bemüht, schlossen beide Parteien am 11. Juli des selben Jahres einen Waffenstillstandsvertrag. Doch noch am selben Tag propagierte die japanische Führung den Vorfall als einen „planmäßigen bewaffneten Angriff Chinas auf Japan", welcher von der japanischen Öffentlichkeit massiven Zuspruch erhielt. Parallel dazu riefen auf chinesischer Seite die Kommunisten, unter Mao Zedong, zum Kampf gegen die Japaner auf. Auch Chiang Kai-shek forderte „unserem Endsieg nachzujagen" (ZÖLLNER 2009 : 365).

3.1 Der „China Zwischenfall"

Am 28. Juli 1937 folgte die erste große Offensive auf Beijing. Auf die Ermordung zweier japanischer Marineoffiziere folgte am 9. August die Entsendung zwei weiterer Divisionen nach Shanghai. Ohne offizielle Kriegserklärung kämpften japanische und

8

chinesische Soldaten somit simultan an zwei verschiedenen Fronten. Erste Erfolge brachte auf japanischer Seite die Besatzung der Mongolei und die damit verknüpfte Einrichtung der Marionettenregierung Mandchukuo. Nach verlustreichen Kämpfen beider Seiten, über einen Zeitraum von drei Monaten, fiel Shanghai schlussendlich am 12. November (ZÖLLNER 2009 : 365).

Der „China Zwischenfall", wie das Kriegstreiben von japanischer Seite bezeichnet wird, da eine offizielle Kriegserklärung ausblieb, gestaltete sich deutlich länger und verlustreicher als kalkuliert. So unterbreitete die japanische Regierung unter Außenminister Hirota Kōki am 5. November 1937 der chinesischen Regierung das Angebot, den „Zwischenfall" beizulegen, sofern China vier Forderungen akzeptiert: 1. China soll seine prokommunistische, antijapanische und gegen Mandchukuo ausgerichtete Politik aufgeben und mit Japan und Mandchukuo gegen den Kommunismus zusammenarbeiten. 2. Einrichtung von demilitarisierten Zonen und „besonderen Regimen", wo immer sie notwendig seien. 3. Eine wirtschaftliche Zusammenarbeit zwischen Japan, Mandchukuo und China. 4. China soll Japan Reparationszahlungen leisten. Diese Forderungen wies China zurück (KUHN 1999 : 98).

Während die Weltöffentlichkeit ihre Aufmerksamkeit auf die Geschehnisse in Shanghai fokussierte, eroberten die Japaner gleichzeitig den Norden Chinas. „Die japanischen Truppen mordeten und vergewaltigten, plünderten und brandschatzten. Seit Anfang des Krieges waren dies die untrüglichen Kennzeichen japanischen Eroberungs- und Besatzungsverhaltens in China" (KUHN 1999 : 81).

4. Nanjing-Massaker

Es dauert einen weiteren Monat bis die Japaner auch die 300 Kilometer entfernte, damalige chinesische Hauptstadt Nanjing, eroberten. Die Japaner gingen in Nanjing mit einer bis dahin nicht gesehenen Brutalität gegen die chinesische Bevölkerung vor, was für einen internationalen für Aufschrei sorgte, und später als das „Große Nanjing-Massaker" in die Geschichte eingehen sollte (ZÖLLNER 2009 : 367).
Das Massaker von Nanjing versinnbildlicht die Grausamkeit, mit der die japanischen Besatzer gegen die Chinesen, insbesondere den chinesischen Zivilisten vorging. Un-

ter Oberkommandant Generel Matsui Iwane beschloss man, obwohl weder militärische Pläne ausgearbeitet, noch die geheimen Friedensverhandlungen unter dem deutschen Botschafter Oskar Trautman abgeschlossen waren, Nanjing zu besetzen. Da das militärische Oberkommando in Tōkyō der Auffassung war, Nanjing könne erst Anfang des Jahres 1938 erobert werden, bezog man es auch nicht in etwaige Verhandlungsoptionen mit China ein. Gleichzeitig entschied die chinesische Regierung, dass Nanjing solang wie möglich gehalten werden müsse, um ein „heroisches Opfer" zu bringen – rückblickend ein fataler, strategischer Fehler (Kuhn 1999 : 87).

Einem massiven Bombardement der Japaner zwischen dem 6. und 9. Dezember folgte die Erstürmung der Stadt. Obwohl ursprünglich geplant war, die Stadt so lange wie möglich zu halten, diktierte Kai-shek den Rückzug aus der Stadt, welcher, da ungeplant, in absolutem Chaos von statten ging. Die chinesische Hauptstadt sollte auf seinen Befehl hin nach Wuhan verlegt werden. Zehntausende Zivilisten und Soldaten versuchten sich über das kalte Wasser des Yangtse in Sicherheit zu bringen. Tausende ertranken oder wurden von den Besatzern ermordet (Kuhn 1999 : 84).

Als am 13. Dezember 1937 die japanischen Truppen Nanjing endgültig überrannten, war dies der Anfang eines dreiwöchigen Massakers. Jeder Soldat, dem es nicht gelang aus Nanjing zu fliehen, wurde ermordet. Innerhalb der ersten Woche betrugen die Verluste auf chinesischer Seite 100.000 Mann. Die „Säuberungs- oder Ausrottungsaktion" kann in drei Phasen vom 13. Dezember 1937 bis Mitte Februar 1938 eingeteilt werden. Die erste Phase vom 13. bis 18. Dezember 1937 beschreibt eine „unbegreifliche Blut-, Tötungs-, Vergewaltigungs- und Plünderungsorgie. Innerhalb weniger Tage sollte ein Großteil Nanjings in brennenden Trümmern liegen (Kuhn 1999 : 88-89).

Die Härte, mit der die japanische Armee gegen die chinesische Bevölkerung vor ging, wird im nachfolgendem Zitat deutlich:

> „Die japanischen Soldaten, die an den Greuelaktionen beteiligt waren, betrachteten ihre Opfer als Schweine, als etwas Minderwertiges. Sie schlugen ihnen den Kopf, die Arme oder Füße ab, schlitzten ihnen die Bäuche auf, schnitten ihnen Ohren und Nase ab, banden sie mit Stacheldraht zusammen, übergossen sie mit Benzin und zündeten sie wie Strohballen an oder begruben sie lebend. Sie stachen auf ihre Opfer in Bayonettenangriffen ein und enthaupteten sie mit

dem Schwert; sie vergewaltigten einzeln und in Massen oder mißbrauchten ihre Opfer anders. Die japanischen Soldaten sandten Fotos ihrer Taten, die von chinesischen Photographen entwickelt wurden, in die Heimat und waren stolz auf ihre Taten. Viele Briefe und Tagebücher belegen, dass es damals bei den meisten Angehörigen der kaiserlichen Armee, die an solchen Greueltaten beteiligt waren, weder ein Gefühl der Scham noch ein Bewusstsein von Schuld gab." (KUHN 1999 : 91).

Auf der anderen Seite muss auch hier relativiert werden, dass dieses Massaker in der heutigen Zeit von chinesischer Seite gerne instrumentalisiert wird, um Japan geopolitisch in schlechtem Licht dastehen zu lassen. So übermittelte Chiang Kai-shek am 16. Dezember 1937 eine Botschaft zum Fall Nanjings an die Nation. Jedoch geht er nicht auf empathischem Wege an die menschlichen Verluste heran, sondern vermittelt, dass das chinesische Volk das Leiden auf sich nehmen müsse, denn auch darin bestehe der Widerstand. In Mao Zedongs Werken sucht man ebenfalls vergeblich nach einem Aufschrei der Empörung, im modernen historischen Nachschlagewerken der Volksrepublik China oder auch in Schulbüchern beschränkt sich die Nennung des Nanjing-Massakers auf wenige Zeilen (KUHN 1999 : 91-92). Offizielle Angaben zu den Todesopfern variieren relativ stark voneinander, man geht aber für den Zeitraum von 1937 bis 1938 in Nanjing und Umgebung von 50.000 bis 75.000 aus, von denen 20.000 bis 50.000 ungesetzlich getötet wurden (ZÖLLNER 2009 : 366-367).

4.1. „Trostfrauen"

Neben dem Nanjing-Massaker kamen nach Japans bedingungsloser Kapitulation am 2. September 1945 weitere Kriegsverbrechen ans Tageslicht. In der Zeit des Expansionskurses suchten Japaner auf ihren Belagerungszügen Frauen und junge Mädchen auf, welche sie in extra geschaffene Armeebordelle unterbrachten. Die Zwangsprostituierten kamen aus insgesamt 17 Ländern, darunter China, Taiwan, Malaysia, Vietnam und Indonesien, vorzugsweise aber aus der damaligen Kolonie Korea. Jede Trostfrau, so die euphemistische Bezeichnung der Japaner, musste durchschnittlich etwa 40 bis 50 Soldaten pro Tag als Prostituierte zu Diensten sein. Offizielle Zahlen dieser systematischen, über den gesamten Pazifikraum verteilten Massenvergewaltigung gibt es nicht, man geht aber von etwa 200.000 Missbrauchsopfern aus[1].

1Zeit Online, http://www.zeit.de/wissen/geschichte/2013-09/zwangsprostitution-korea-japan-

Sie wurden eingerichtet, „um die Moral der kaiserlichen Soldaten zu heben". Es sei nötig gewesen, um die „Disziplin aufrechtzuerhalten" und den Soldaten, die ihr Leben riskierten, eine Pause zu ermöglichen, wird der Bürgermeister der Osaka Metropole, Tōru Hashimoto, 2009 zitiert[2].

4.2. „Einheit 731"

Einheit 731 war eine von verschiedenen Spezialeinheiten unter der Führung des Arztes Shirō Ishii, einem Generalleutnant der Kaiserlichen Guandong Armee. Im Jahr 1936 wurde Einheit 731, als eine Wasseraufbereitungseinheit getarnt, unter anderem in der besetzten Manjurei aktiv. Bei der Recherche über die Einheit und vor allem deren Aktivitäten stellte sich recht schnell Ernüchterung ein, da eine stichhaltige Literaturlage sehr dünn ist. So soll im Jahr 1989 während Bauarbeiten in Tokio ein Leichenberg von über Tausend sterblichen Überresten gefunden worden sein. Während des Kriegstreibens wurden an Chinesen, Koreanern und Russen Menschenversuche zur Weiterentwicklung chemischer- und biologischer Waffen durchgeführt. Federführend bei den „Experimenten" soll Shirō Ishii gewesen sein, den man mit Josef Mengele in Nazideutschland vergleichen kann. Zur Umschreibung für die menschlichen Testsubjekte bediente sich der japanische Militärapparat eines weiteren verharmlosenden Terminus: *„maruta"*, japanisch für Holzklotz. Der Komplex, der für die Menschenversuche genutzt wurde, erstreckte sich wohl über 6km² und soll mit den Konzentrationslagern der Nazis vergleichbar sein.[3]

Die Kriegsgefangenen wurden mitunter Druckkammern ausgesetzt, bis ihre Körper barsten oder bei lebendigem Leibe seziert[4]. Sie wurden Cholera, Typhus, Paratyphus, Ruhr oder Milzbrand ausgesetzt. Sie vergifteten das Trinkwasser von in der

weltkrieg, 22.03.2017

2 Spiegel Online, http://www.spiegel.de/panorama/japan-im-zweiten-weltkrieg-die-schande-der-trostfrauen-a-919909.html, 18.03.2017

3 Freenet Online, https://www.freenet.de/nachrichten/wissenschaft/die-todeseinheit-japans_732208_4702462.html, 18.03.2017

4 Telegraph, http://www.telegraph.co.uk/news/worldnews/asia/japan/7236099/Human-bones-could-reveal-truth-of-Japans-Unit-731-experiments.html, 18.03.2017

Nähe gelegenen Städten und verteilten infizierte Lebensmittel an die hungernde Bevölkerung. In einem weiteren Versuch soll Menschen Pferdeblut injiziert worden sein. Man erhoffte sich dadurch einen medizinischen Durchbruch, das Opfer starb jedoch einen qualvollen Tod (ECKERT 2010 : 262-263).

Es durften keine Beweise auftauchen, deshalb zerstörte man den gesamten Komplex und brachte Mitarbeiter und Überlebende zum Schweigen. Als sehr kontrovers zu sehen ist die Tatsache, dass Ishii nach Kriegsende kein Prozess gemacht wurde, da er, laut später aufgetauchter Dokumente, einen Deal mit der US Regierung abschloss. So soll er Immunität im Austausch für die in den Experimenten gesammelten Informationen erhalten haben. Douglas McArthur ließ in Washington verlauten, dass man Ishii zu schützen habe, um sich im Kampf um biologische- und chemische Waffen so einen Vorsprung gegenüber der Sowjetunion verschaffen zu können.[5]

5. Kapitulation und Aufarbeitung

Nach dem Abwurf der beiden Atombomben auf Hiroshima am 6. August und Nagasaki am 8. August 1945 durch die USA kapitulierte Japan bedingungslos. Infolgedessen verlor Japan fast alle im 19. und 20. Jahrhundert eroberten Gebiete. Kaiser Hirohito verkündete, er sei gegen den Krieg gewesen. So konnte er durch Douglas MacArthur für die Umgestaltung Japans instrumentalisiert werden. Ein internationaler Militärgerichtshof entschied im November 1948 über Kriegsverbrecher und deren Rechenschaft. In drei Anklageinstanzen sollte entschieden werden. Im erstem Prozess, der sogenannten Kategorie A, wurden von 28 Angeklagten sieben zum Tode verurteilt, darunter die Kommandanten des Angriffs auf Nanjing. Im zweiten Prozess gegen rund 20 hohe Offiziere wurden zwei mit der Todesstrafe belangt. Im dritten Prozess, der Kategorie C, wurden von etwa 4200 Angeklagten 700 zur Todesstrafe und 3100 zu Haftstrafen verurteilt. Die Verbleibenden wurden freigesprochen. Zu einem Umdenken der japanischen Bevölkerung führte dies jedoch nicht – man sah darin die logische Konsequenz eines verlorenen Krieges (ZÖLLNER 2009 : 385-387).

---

5 Weltwoche, http://www.weltwoche.ch/ausgaben/2006-31/artikel-2006-31-der-teufel-trug.html, 19.03.2017

5.1. Yasukini-Schrein

Auf chinesischer sowie koreanischer Seite kommt es alljährlich zu Demonstrationen und antijapanischen Ressentiments, besonders im Zusammenhang mit dem sogenannten Yasukuni-Schrein in Tōkyō. Kritische Stimmen aus China berufen sich immer wieder auf das Grauen während der Besatzung Chinas und speziell Nanjings, die koreanische Bevölkerung hingegen bezieht sich dabei häufig auf die forcierte Verehrung shintoistischer Schreine während der japanischen Besatzung der koreanischen Halbinsel. Die innenpolitische Opposition in Japan bildet der linke Flügel (SHIBUICHI 2005 : 204). Tatsächlich entspricht der Schrein, der ursprünglich Shokon-Schrein hieß, der shintoistischen Vorstellung, „dass die Seelen friedlos verstorbener rituell besänftigt werden mussten, und erfüllte gleichzeitig den Zweck einer zentralen Heldengedenkstätte" (ZÖLLNER 2009 : 229-230).

Ursprünglich wurde der Schrein von der Meiji Regierung 1869 errichtet und bis zur Besatzung durch amerikanische Truppen 1946 von Arme und Marine erhalten. Als Kontrovers gilt der Yasukuni-Schrein nicht zwangsläufig, weil dort den 2,5 Millionen gefallenen Soldaten, Offizieren und Zivilisten vergangener Kriege gewürdigt wird, sondern da dadurch auch 14 hochrangigen Generälen, die von Alliierter Seite als Kriegsverbrecher der Kategorie A eingestuft und verurteilt wurden, als Märtyrer gedacht wird.[6]

Einige Beobachter sehen die regelmäßigen Besuche des Schreins durch Amtsinhaber, Nationalisten oder zum Teil auch Yakuza Gangster als Inbegriff des aufkeimenden Jingoismus und Militarismus inmitten der japanischen Öffentlichkeit. Auch fehlende Empathie kombiniert mit einer fehlenden Geschichtsaufarbeitung werden beispielsweise Shinzō Abe attestiert. Doch auch hier gehen die Meinungen auseinander, so attestiert Tamamoto Masaru von der University of Cambridge dem Nachkriegsjapan die Unfähigkeit eines militärischen Nationalismus (SHIBUICHI 2005 : 197). Besonders der konservative, rechte Flügel in Japan ist der Ansicht, dass der Besuch des Yasukuni-Schreins obligatorisch ist. Doch scheint sich hier eine abnehmende Entwicklung feststellen zu lassen. Selbst radikaler eingestellte beginnen sich schuldig für

---

6 Tagesspiegel, http://www.tagesspiegel.de/politik/empoerendes-gedenken/740824.html, 21.03.2017

das zu fühlen, was in China während der Besatzung passierte (S\ʜɪʙᴜɪᴄʜɪ 2005 : 214).

5.2. Schulbuch Skandal

Neben dem Yasukuni-Schrein sind es Affronts um japanische Schulbücher, die regelmäßigen Protest in Ostasien auslösen. Seit der Nachkriegszeit versucht es das Erziehungsministerium immer wieder, Schulbücher für die Mittelstufe so abzuändern,
dass Japans Kriegsverbrechen gemäßigter erscheinen (Krebs :182). Im Jahr 2015
kam es erneut zu so einer „Schulbuch Affäre", in der das japanische Vorgehen vor
und während des Zweiten Weltkriegs verharmlost werden sollte. Dass Japan sich im
Zweiten Weltkrieg, neben Hitler und Mussolini, als Aggressor bewies, sollte unum-
stritten sein. Anders sieht es Japans Regierungschef Shinzō Abe, der, nach eigenen
Angaben, gegen „Selbstquälerei der Geschichtsdarstellung" kämpft. In dem in Japan
publizierten Geschichtsbuch werden die „Trostfrauen" kaum erwähnt. Das „Nanjing-
Massaker" wird auf einen „Zwischenfall" heruntergespielt. Der „Aggressionskrieg" laut
Schulbuch nur noch auf ein „Vordringen" reduziert. Japanische Ansprüche auf Inseln
im Ostchinesischen Meer werden zum Teil im Lehrbuch als japanisches Territorium
gekennzeichnet. Schulbücher in Japan werden von Privatverlegern publiziert, derweil
sie vom Erziehungsministerium genaue Angaben erhalten, was in diesen zu stehen
hat. Dieses sieht es seit seiner Gründung 1871 als seine Aufgabe an, Kinder nicht
nur auszubilden, sondern sie für den Staat zu formen[7]

6. Fazit

Das Land der aufgehenden Sonne hatte zweifelsohne eine Zeit des Leidens durch
die gewaltsame Öffnung des Landes und der Unterdrückung anhand westlicher
Mächte zu ertragen. Wie in vielen anderen Teilen der Welt keimte so auch in Japan
mit der Zeit der Wunsch nach einer starken Einheit auf. Die Meiji-Restauration, der
Sieg über China im ersten Sino-Japanischen Krieg und der vernichtende Sieg über
Russland, wohlgemerkt als erstes asiatisches Land über eine westliche Imperialmacht, verstärkte Japans geopolitischen Einfluss immens. Innenpolitische Probleme

---

7 Süddeutsche Zeitung, http://www.sueddeutsche.de/bildung/geschichtsunterricht-in-japan-wo-das-
   massaker-zum-zwischenfall-wird-1.2428103, 22.03.2017

und die stark nationalistische Guandong Armee, welche der Autorität des Kaisers entglitt, taten ihr Übriges, dass Japan letztlich in China einfiel. Auch dass Japan menschenverachtende Kriegsverbrechen denen Nazideutschlands gleichzusetzen, beging, lässt keine andere Meinung zu.

Der Kolonialismus war in seiner Blütezeit, mit Japan hatte er nun einen neuen Akteur. Deshalb reduziert besonders Japan sein Vorgehen darauf, dass es sich selbst vor dem Kolonialismus zu schützen versuchte, getreu dem Motto Angriff ist die beste Verteidigung. Japanische Politiker und Angehörige des rechten Flügels entgehen Anschuldigungen seiner Expansionspolitik häufig mit der lapidaren Antwort: „Es war halt Krieg". In Vielerlei Hinsicht mag dies auch zutreffend sein. Ein machthungriges Land sieht sich ab einem bestimmten Punkt mit einem Rohstoffvakuum konfrontiert. Auch um demographisch einem wachsenden Kolonialreich gerecht zu werden, mussten neue Territorien erschlossen werden. Rückblickend kann man Japan einen Genozid an der chinesischen Bevölkerung durchaus vorwerfen. Eine offizielle Stellungnahme wird man aber diesbezüglich, zumindest in naher Zukunft, nicht erwarten können.

Wie verhält es sich nun also mit der Kriegsaufarbeitung seitens Japan? So etwas wie eine Aufarbeitung findet höchstens am Rande statt. Der Nationalismus, auch wenn er im militanten Kreis keine sonderliche Präsenz zeigt, ist in Japan auch mit Kriegsende nicht erloschen. Es scheint, der Glaube sei verbreitet, dass ein Land nur dann wieder zu alter Stärke finden kann, wenn es die eigene Geschichte nicht kritisch aufarbeitet und gewillt ist, Besserung zu leisten, sondern wenn der patriotische Geist wiederkehrt. Dass der Yasukuni-Schrein als Symbol für Japans Helden von Regierungsträgern immer wieder besucht wird, untermauert dies. Während Deutschland seit 1945 für seine Taten Abbitte leistet, warten Japans Opfer, allen voran China und Korea, immer noch auf eine Entschuldigung von offizieller Seite. Während hierzulande ein relativ hoher Anteil des Unterrichtsinhaltes zur Aufarbeitung des Krieges unter dem Naziregime dient, vermitteln die regelmäßigen Schulbuchskandale in Japan das genaue Gegenteil. Vieles, was sich Japan als Fehlverhalten zuschreiben lassen könnte, wird verändert oder gekürzt. Die Antwort auf die Frage, ob sich Japan nun als Aggressor oder Opfer sieht, scheint schnell gefunden. Zweifelsohne war Japan nicht schuldlos, es ist gewaltsam expandiert, hat ein Massaker an der chinesischen

Bevölkerung verübt und leugnet vieles von dem, was passiert ist. Die Atombomben-
abwürfe in Hiroshima und Nagasaki werden instrumentalisiert, um sich international
als Opfer darstellen zu können und da die Kapitulation bedingungslos von statten
ging, ist es leicht, alternativlose Verträge durch die Besatzer zu argwöhnen. Des weiteren ist die Behauptung, dass Japan sich von seinem Faschismus leiten ließ, so
nicht haltbar. Sicherlich spielte der Ethnozentrismus in allen Bereichen des öffentli-
chen Lebens eine wichtige Rolle, doch war es den faschistischen Expansionsbefür-
worten nicht gelungen, die Indoktrination in der Bevölkerung zu verankern.

Nichtsdestotrotz sollte jedoch nicht außer Acht gelassen werden, dass Nationalismus
oder andere Faktoren, wie die regelmäßige Schulbuchzensur, kein Japan typisches
Phänomen sind. Auch in China sind sie keine Randerscheinung. Der jährliche Yasu-
kuni-Aufschrei wird von der kommunistischen Partei Chinas instrumentalisiert, um
seine Opferrolle für Expansionsziele, im Wettstreit mit Japan, wie die Inseln im Südchinesischen Meer, auszunutzen. Shinzō Abe hat sich zum Ziel gesetzt, dass Japan
eine Großmacht ist und bleibt. Seine Bemerkungen, dass sich Japan von der ihr auf-
gezwungenen Pazifistenrolle entfernt, mag vielleicht im Ausland für Verwirrung sor-
gen. Doch es ist nur natürlich, dass eine Nation, besonders als Nachbar Chinas,
einen Anspruch auf ein funktionstüchtiges Militär hat, um sich im Zweifelsfall verteidi-
gen zu können.

7. Literaturverzeichnis

ECKERT, Wolfgang U. (2010): *Illustrierte Geschichte der Medizin. Von der französischen Revolution bis zur Gegenwart.* Heidelberg : Springer Verlag GmbH.

KISSINGER, Henry (2012): *China. Zwischen Tradition und Herausforderung.* München: Bertelsmann Verlag.

KREBS, Gerhard (2009): *Das Moderne Japan 1868-1952: Von der Meiji-Restauration bis zum Friedensvertrag von San Francisco.* München: Oldenbourg Wissenschaftsverlag GmbH.

KUHN, Dieter (1999): *Der Zweite Weltkrieg in China.* Berlin: Duncker & Humboldt.

SHIBUICHI, Daiki (2005): *The Yasukuni Shrine Dispute and the Politics of Identity in Japan: Why All the Fuss?* Asian Survey: Vol. 45, No. 2 (March/April), pp. 197-215.

VAN DER PIJL, Kees (1996): *Vordenker der Weltpolitik. Einführung in die internationale Politik aus ideengeschichtlicher Perspektive.* Opladen: Leske + Budrich.

ZÖLLNER, Reinhard (2009): *Geschichte Japans. Von 1800 bis zur Gegenwart.* Paderborn: Schöningh Verlag.

Anhang

天皇 Tennō - Himmlicher Herrscher

犬養 毅 Inukai Tsuyoshi

斎藤 実 Saitō Makoto

井上 日召 Inoue Nisshō

日蓮 Nichiren

荒木 貞夫 Araki Sadao

沖縄社会大衆党 Shakai Taishūtō - Sozialistische Massenpartei Okinawas

皇道派 Kōdō-ha - Fraktion vom Kaiserlichen Weg

統制派 Tōsei-ha - Kontrollfraktion

美濃部 達吉 Minobe Tatsukichi

裕仁 Hirohito

島津 斉彬 Shimazu Nariakira

広田 弘毅 Hirota Kōki

松井 石根 General Matsui Iwane

橋下 徹 Tōru Hashimoto

石井 四郎 Ishii Shirō

安倍 晋三 Shinzō Abe

靖国神社 Yasukuni Schrein

東京 *Tōkyō* - Tokio

蒋介石 Jiǎng Jièshí Chiang Kai-shek

南京 Nánjīng   Nanjing/Nanking

北京 Běijīng Beijing/Peking